DYSGU-TYNNU-LLUN

Storïau Beiblaidd

Dilyn y camau syml i greu celfyddyd Feiblaidd!

Siapiau

Mae'r bobl a'r pethau yn y llyfr hwn wedi eu gwneud o siapiau. Gadewch i ni ymarfer!

Cylch

Hanner Cylch

Triongl

Petryal

Hirgrwn

Sgwâr

Defnyddia dy bin i dynnu llun y siapiau hyn yn y gofod isod!

Cread: Haul

Cam 1

Cam 2

Cam 3

Cam 4

Dilyn y camau i dynnu llun yr haul.

Pwy greodd yr haul?

Gardd Eden: Coeden

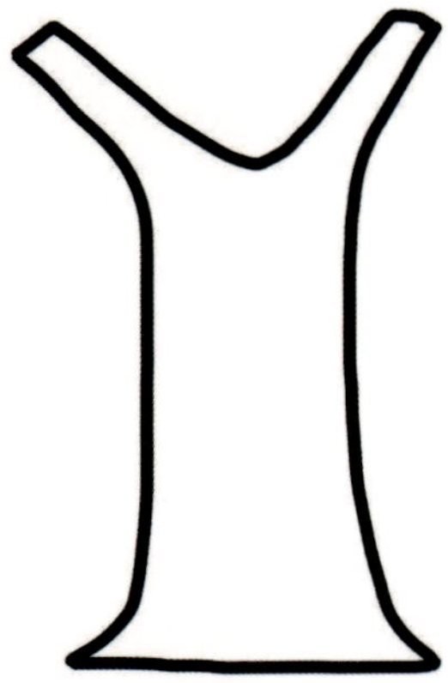

Cam 1

Cam 2

Cam 3

Cam 4

Dilyn y camau i dynnu llun coeden.

Beth am ddiolch i Dduw am goed a phlanhigion?

Noa

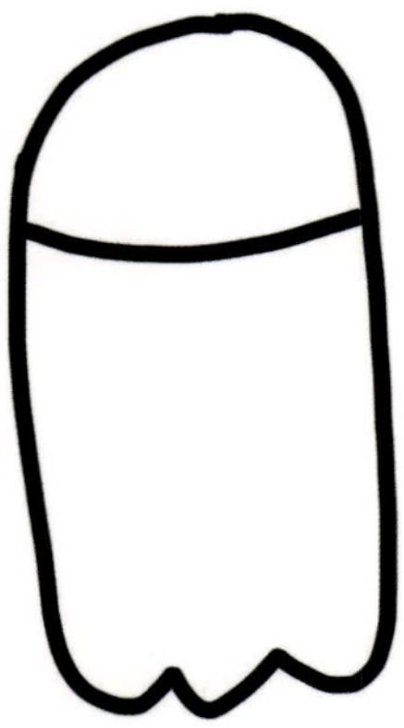

Cam 1

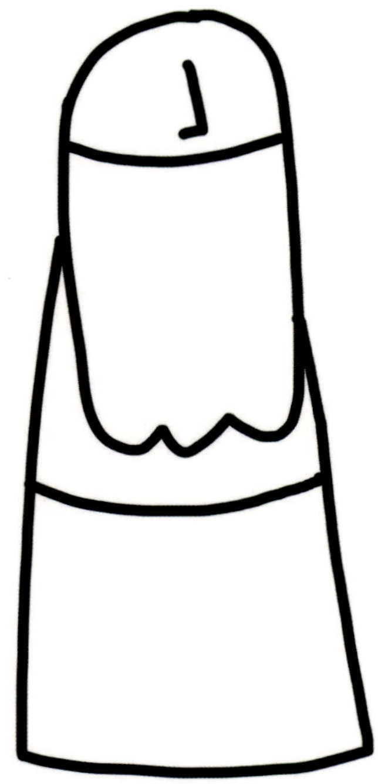

Cam 2

Cam 3

Cam 4

Dilyn y camau i dynnu llun Noa.

Sut fyddi di'n dangos dy gariad at Dduw?

Arch Noa

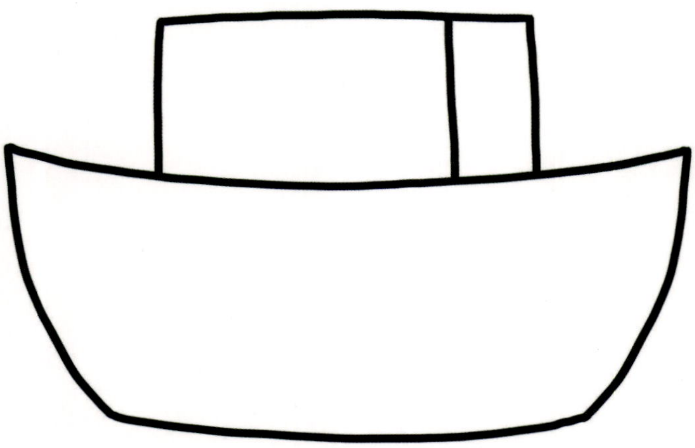

Cam 1

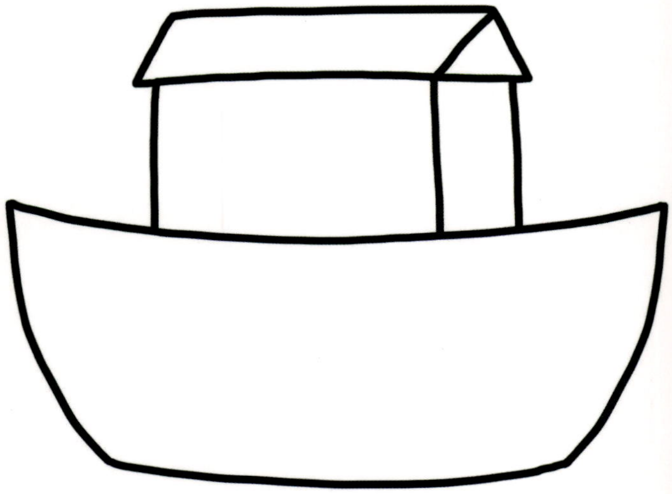

Cam 2

Cam 3

Cam 4

Dilyn y camau i dynnu llun Arch Noa.

Beth yw dy hoff anifail a wnaed gan Dduw?

Cyfamod Duw: Enfys

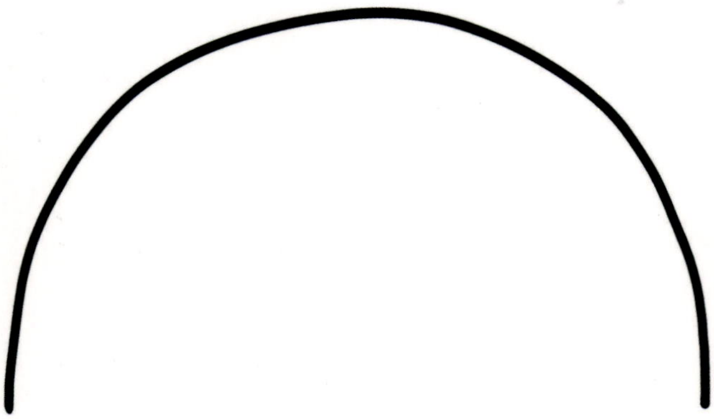

Cam 1

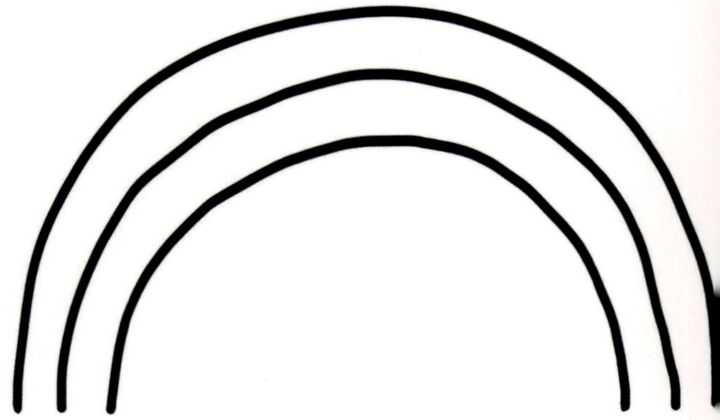

Cam 2

Cam 3

Cam 4

Dilyn y camau i dynnu llun enfys.

Beth wnaeth Duw ei addo ar ôl y dilyw?

Abraham: Sêr

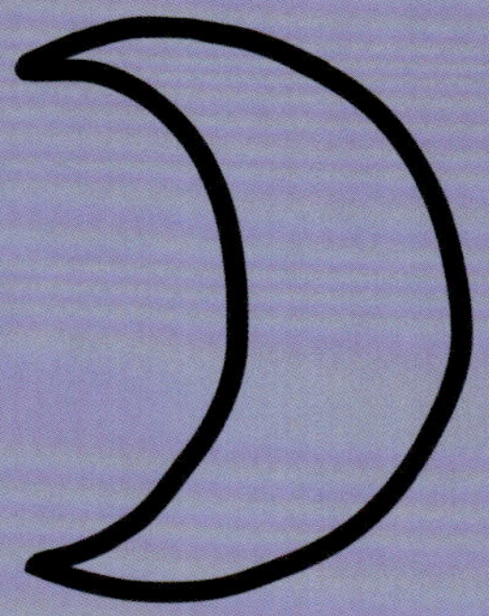

Cam 1

Cam 2

Cam 3

Cam 4

Dilyn y camau i dynnu llun lleuad a sêr.

Beth yw dy obaith di? Alli di weddïo ar Dduw amdano?

Joseff

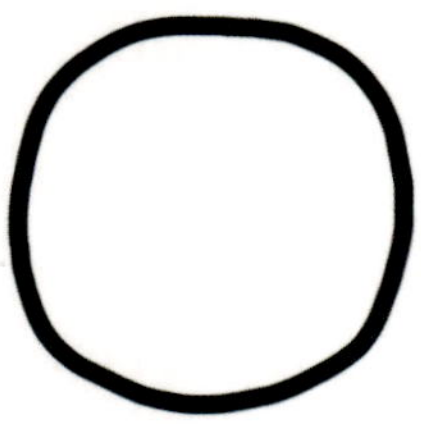

Cam 1

Cam 2

Cam 3

Cam 4

Dilyn y camau i dynnu llun Joseff.

Sut fyddi di'n dangos cariad at dy deulu?

Y baban Moses

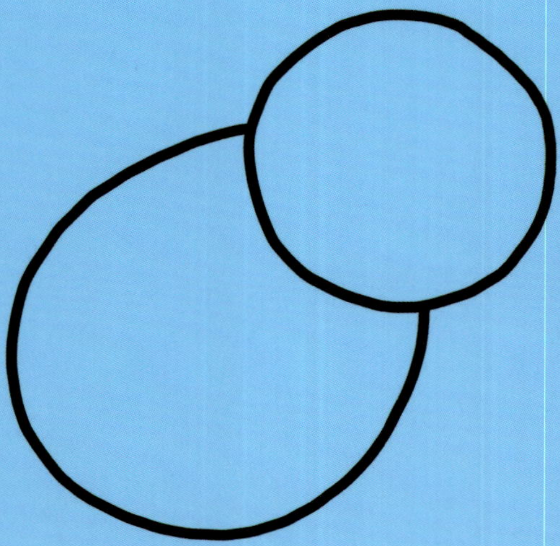

Cam 1

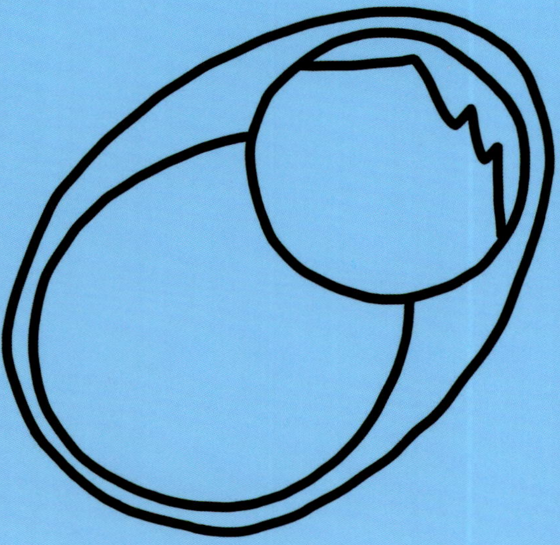

Cam 2

Cam 3

Cam 4

Dilyn y camau i dynnu llun y baban Moses.

Pwy sy'n dy gadw di'n ddiogel?

Y Deg Gorchymyn:
Llechi

Cam 1

Cam 2

Cam 3

Cam 4

Dilyn y camau i dynnu llun llechi.

Sut fyddi di'n dilyn rheolau Duw?

Y Brenin Dafydd: Coron

Cam 1

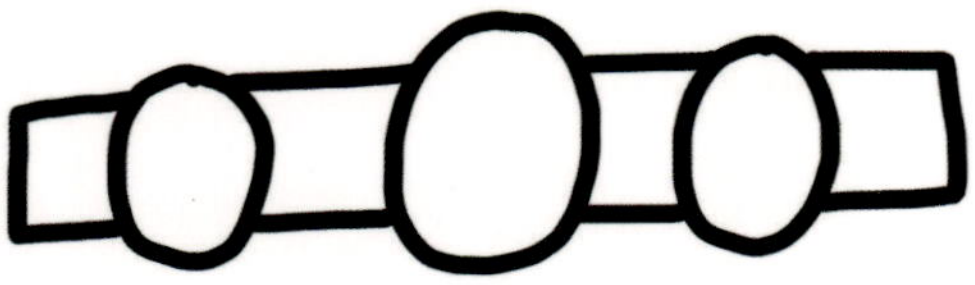

Cam 2

Cam 3

Cam 4

Dilyn y camau i dynnu llun coron Dafydd.

Sut alli di wasanaethu Duw?

Elias:
Cymylau a glaw

Cam 1

Cam 2

Cam 3

Cam 4

Dilyn y camau i dynnu llun cymylau a glaw.

Ble weli di Dduw yn y byd?

Daniel yn Ffau'r Llewod:
Llew

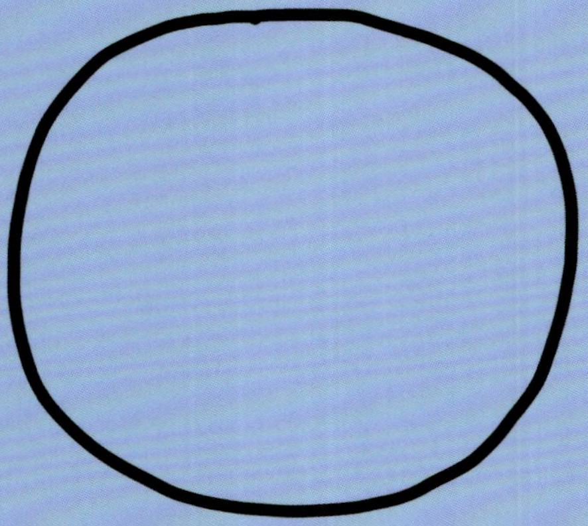

Cam 1

Cam 2

Cam 3

Cam 4

Dilyn y camau i dynnu llun llew.

Sut fyddi di'n dangos dy ffydd yn Nuw?

Jona a'r Morfil:
Morfil

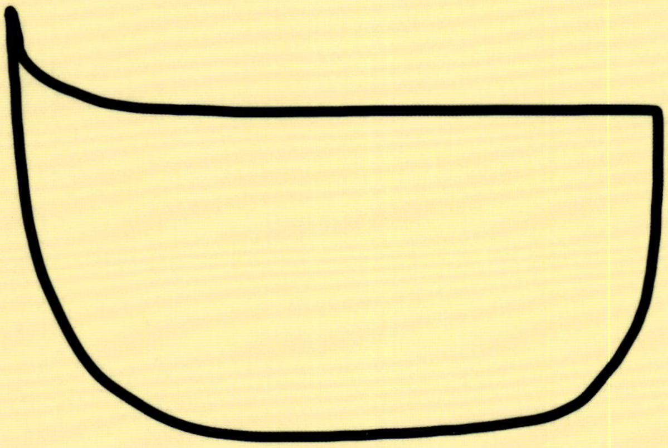

Cam 1

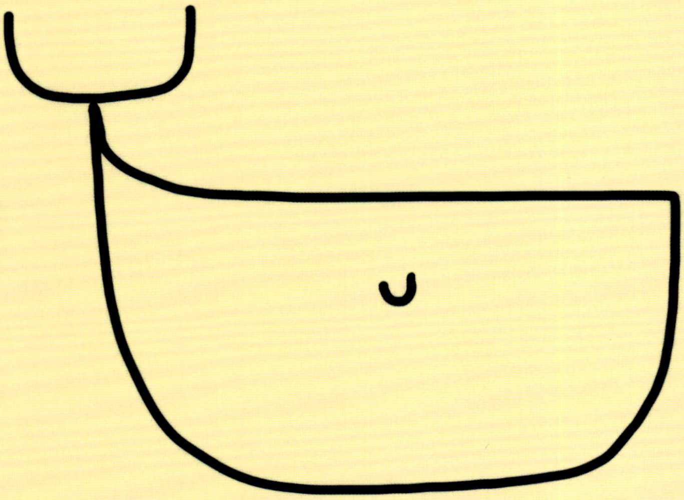

Cam 2

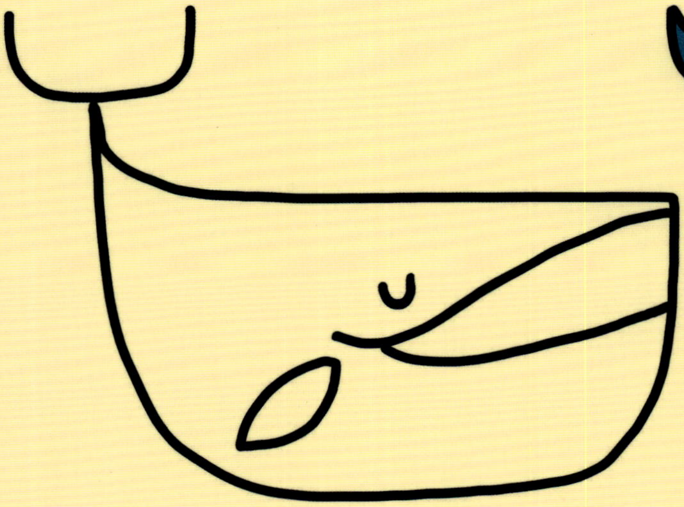

Cam 3

Cam 4

Dilyn y camau i dynnu llun morfil.

Sut alli di foli Duw?

Neges yr Angel:
Angel

Cam 1

Cam 2

Cam 3

Cam 4

Dilyn y camau i dynnu llun angel.

Sut fyddi di'n siarad â Duw?

Geni Crist: Y baban Iesu

Cam 1

Cam 2

Cam 3

Cam 4

Dilyn y camau i dynnu llun y baban Iesu.

Sut fyddi di'n dathlu geni Iesu?

Bedydd Iesu:
Colomen

Cam 1

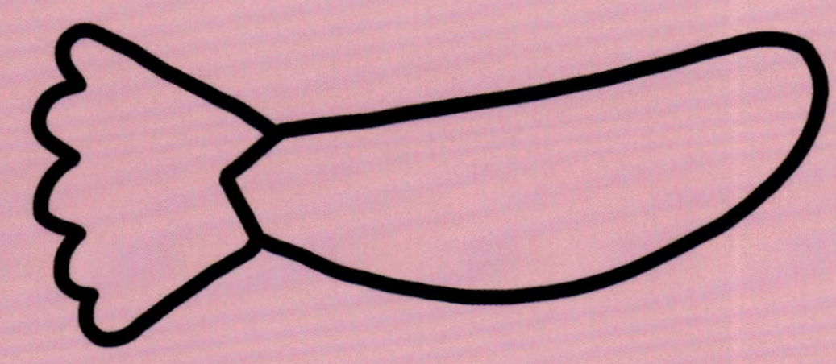

Cam 2

Cam 3

Cam 4

Dilyn y camau i dynnu llun colomen.

Sut mae Duw'n anfon ei gariad atat ti?

Gweddi'r Arglwydd:
Eglwys

Cam 1

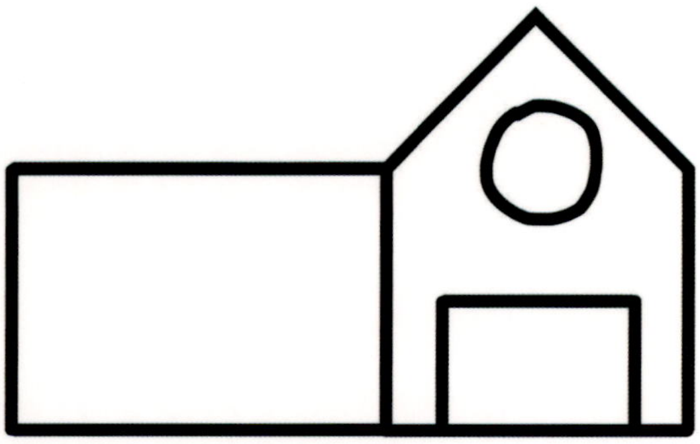

Cam 2

Cam 3

Cam 4

Dilyn y camau i dynnu llun eglwys.

Ein Tad yr hwn wyt yn y nefoedd,
Sancteiddier dy Enw.

Fedri di ddweud Gweddi'r Arglwydd?

Y Ddafad Golledig: Defaid

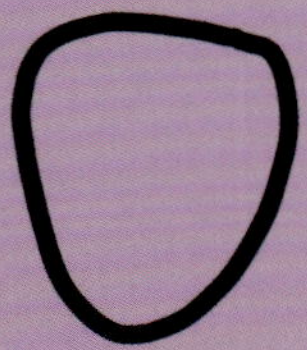

Cam 1

Cam 2

Cam 3

Cam 4

Dilyn y camau i dynnu llun dafad.

Pwy fydd yn chwilio amdanat pan fyddi ar goll?

Lili'r maes: Lili

Cam 1

Cam 2

Cam 3

Cam 4

Dilyn y camau i dynnu llun lili.

Pwy sy'n gofalu amdanat ti?

Iesu a'r Plant:
Calonnau a Blodau

Cam 1

Cam 2

Cam 3

Cam 4

Dilyn y camau i dynnu llun calonnau a blodau.

Sut fyddi'n dangos cariad fel y gwnaeth Iesu?

Y Daith Fuddugoliaethus:

Asyn

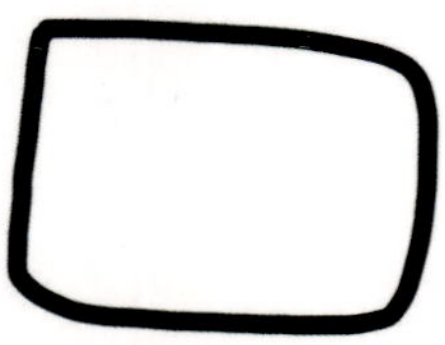

Cam 1

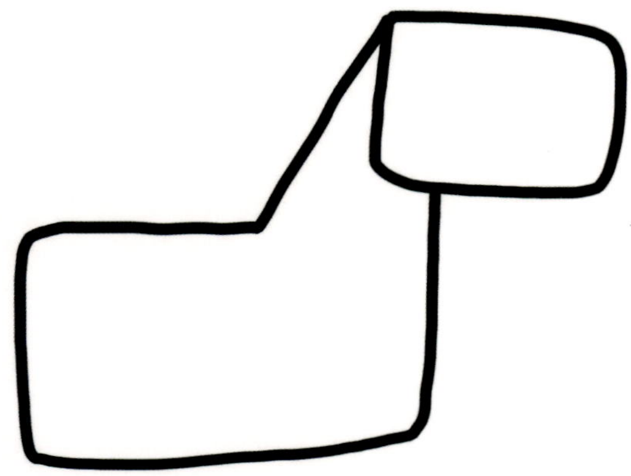

Cam 2

Cam 3

Cam 4

Dilyn y camau i dynnu llun asyn.

Beth am floeddio mawl i Iesu?

Y Swper Olaf:
Bara'r Bywyd

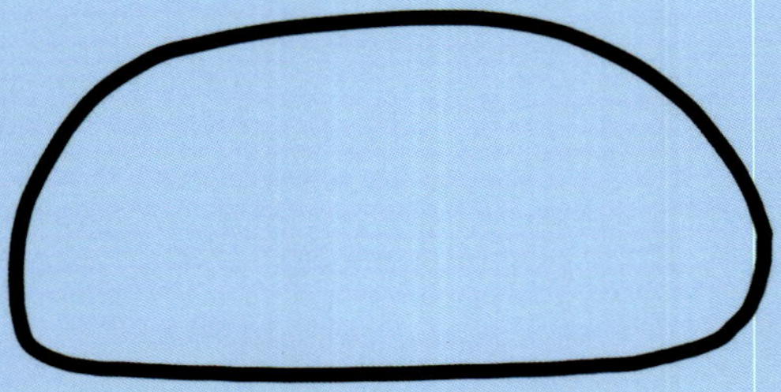

Cam 1

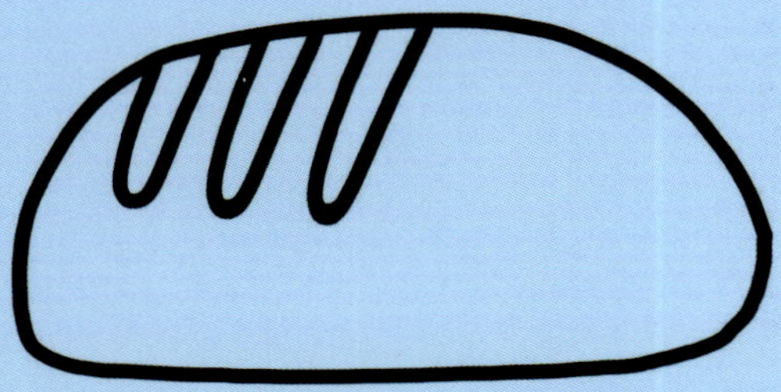

Cam 2

Cam 3

Cam 4

Dilyn y camau i dynnu llun Bara'r Bywyd.

Am beth wyt ti'n ddiolchgar?

Y Croeshoeliad:
Croesau

Cam 1

Cam 2

Cam 3

Cam 4

Dilyn y camau i dynnu llun croesau.

Sut fyddi di'n diolch i Iesu am ei aberth?

Yr Atgyfodiad: Iesu

Cam 1

Cam 2

Cam 3

Cam 4

Dilyn y camau i dynnu llun Iesu.

Sut fyddi'n dathlu Iesu'n codi o farw'n fyw?

Yr Esgyniad:
Glöyn byw

Cam 1

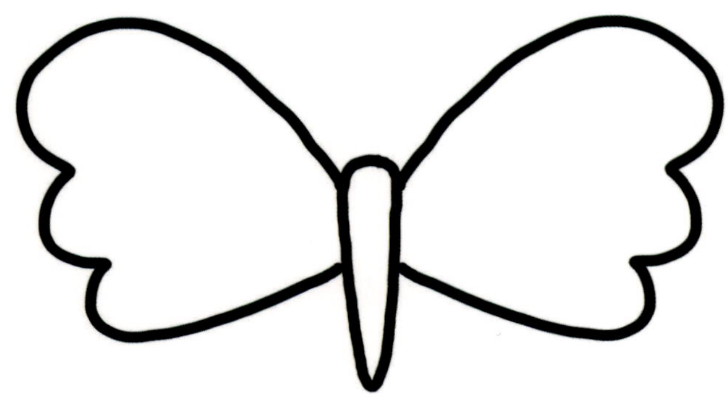

Cam 2

Cam 3

Cam 4

Dilyn y camau i dynnu llun glöyn byw.

Sut fyddi di'n addoli Iesu?

Cariad at bawb: Y Byd

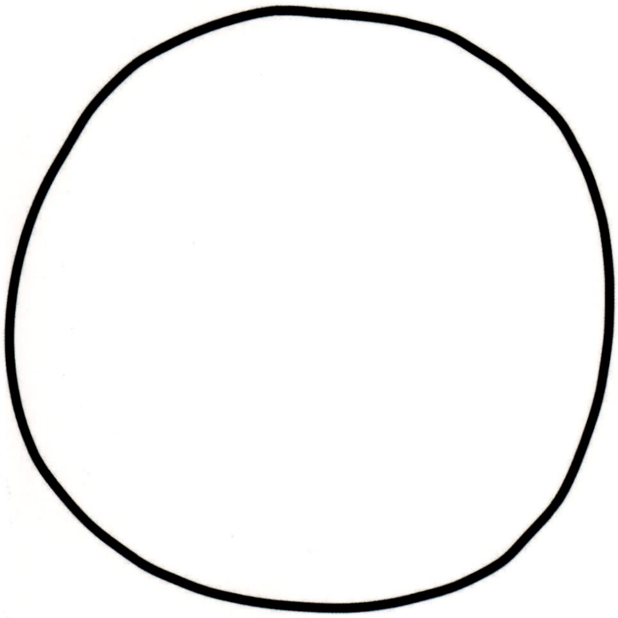

Cam 1

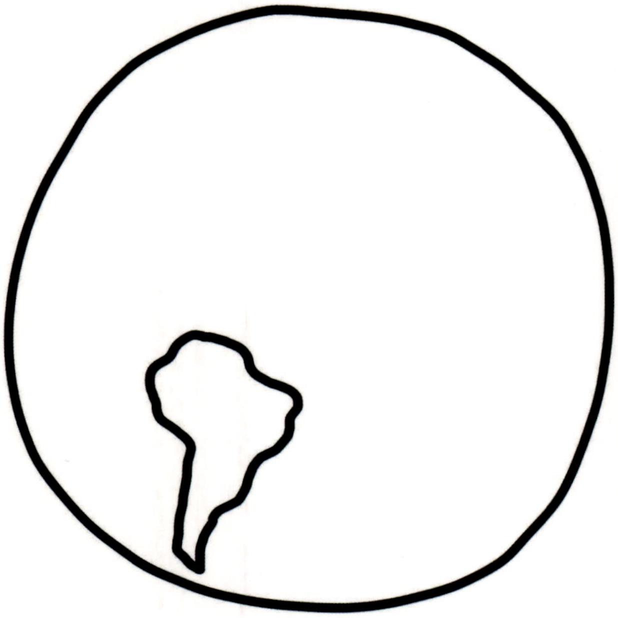

Cam 2

Cam 3

Cam 4

Dilyn y camau i dynnu llun y byd.

Mae Iesu'n dy garu!

Arwyr y Beibl

Cysyllta enwau'r arwyr â'u lluniau.

Iesu Noa Mair Joseff

CYHOEDDIADAU'R GAIR

Cyhoeddwyd yn wreiddiol gan Sourcebooks © 202´
dan y teitl *Learn-to-Draw Bible Stories*
sourcebookskids.com

Darluniau gan Charlotte Pepper

Dyluniwyd gan Anna Madin

Addasiad Cymraeg gan Delyth Wyn Davies

Golygwyd gan Mair Jones Parry

Cysodi gan Rhys Llwyd

Golygydd Cyffredinol: Aled Davies

Mae'r cyhoeddwr yn cydnabod cymorth ariannol Cyngor Llyfrau Cymru.

Argraffwyd yn China.

Cyhoeddwyd gan

Cyhoeddiadau'r Gair © 2022

Ael y Bryn, Chwilog, Pwllheli, Gwynedd, LL53 6SH.

www.ysgolsul.com

DYSGU-TYNNU-LLUN
Storïau Beiblaidd

Hoffet ti ddysgu sut i dynnu llun

Arch Noa,
Y baban Iesu,
neu Joseff?

Os felly, dyma'r llyfr i ti. Mae'r camau syml yn gwneud dysgu tynnu lluniau yn hawdd ac yn hwyl!

25 gweithgaredd sychu'n lân a phin

www.ysgolsul.com

9 781859 949528

ISBN 9781859949528 | £7.99